# मौन सृजन...

अभिजीत यादव

ISBN 979-888546005-7

# क्रम-सूची

# क्रम-सूची

# 1. मौन प्रार्थनाएं...

ईश्वर मौन हैं ,
और मौन मन की बातें ,
सुनकर चला जाता हैं..!

सुना है ईश्वर ,मौन मन की बातें ,
बड़ी जल्दी सुन लेता हैं..?
हां मौन मन की बातें सुनकर ,
ईश्वर भी खुश होता हैं.!

मौन प्रार्थनाएं ,
ईश्वर के हृदय तक जाती हैं.!
और मौन मन से की प्रार्थनाएं ,
कभी अस्वीकार नही होती हैं.!

मौन रहना ईश्वर को पसंद हैं ,
और मुझे भी..!
मौन मन ज्यादा खुश होता हैं ,
शायद शांत मन से भी ज्यादा..!

# 2. मौन प्रार्थनाएं 2.0...

मेरा शरीर अब मौन हैं ,
और उसके साथ अब मैं भी मौन हूं.!

मौन मेरा अस्त्र हैं ,
और अब मैं मौन ही सही हूं.!
पता नहीं मेरा मौन होना ,
कितना कठिन होगा ,
पर अब मौन जीवन ,
जिसे समझना ही मेरा लक्ष्य हैं..?

अब तो मौन ही मेरा विश्वास हैं ,
मौन रहना अर्थात् ,
मेरे शरीर में ऊर्जा संचार समान हैं.!

सच कहूं तो मौन होना सरल नहीं हैं ,
पर अपने अस्तित्व से परिचय मौन में ही हैं ,
और अब सब कुछ ,मुझमें मौन हैं.!

सिर्फ कहने से मौन रहना ,
सही- नहीं लगता मुझे ,
क्योंकि अब मौन में ,
"ईश्वर" नज़र आता हैं मुझे.!

मौन केवल ,
मन का होना आवश्यक नहीं ,
तन और आत्मा का भी ,
मौन होना आवश्यक हैं ,
और अब मेरे तन ,मन और ,
आत्मा भी मौन हैं...!

# 3. पुरुष होना...

हां कठिन हैं एक पुरुष होना ,
बातों में हमेशा गंभीर होना ,
विचारों से हमेशा सटीक होना ,
सार्थक और विश्वसनीय बने रहना ,
और कितना कठिन हैं ना ,
अपने ही किरदार को अपने ,
सामने प्रस्तुत करना..!

मजबूत तन कठोर मन होना ,
तीक्ष्ण शब्दों को भी ,
"कानों की चुभन" से दूर रखना ,
हां कठिन है एक पुरुष होना..!

अपनी बातें कभी किसी से ना कहना ,
और हर परेशानी का हल ,
स्वयं में खोज निकालना ,
हां कितना कठिन हैं ना ,
एक पुरुष के लिए ,सरल होना..!

बहुत सारी जिम्मेदारियां ,
पर हर जिम्मेदारी में ,
खुश नजर आना ,

हां कठिन हैं ना ,
एक पुरुष के लिए पुरुष हो जाना..!

# 4. स्नेह मिलन... (श्री विरेन्द्र कश्यप सर) 07/06/2021 (राजिम प्रयाग छत्तीसगढ़...)

यात्राएं अधूरी हैं दर्शनों के बिना ,
दर्शन अधूरा हैं प्रेम के बिना ,
परंतु बातों से ज्यादा सुखद हैं ,
मिलने की स्मृतियां..!

जैसे नदी को नदी ,
पहाड़ को पहाड़ होना पड़ता हैं ,
वैसे ही प्रेम पाने के लिए ,
प्रेम देना पड़ता हैं ,
और एक विश्वास के लिए ,
विश्वास पात्र होना पड़ता हैं..!

जैसे एक कहानी लिखने के लिए ,
कहानी हो जाता हूं मैं ,
वहां सुखद होते हैं ,
कहानी से सुंदर ,कहानी के पात्र ,
और उनके साथ उनके चेहरे की ,

अभिजीत यादव

## मुस्कान की स्मृतियां..!

जहां क्षण मात्र होती हैं मुलाकातें ,
पर फिर भी नदी सा उमड़ जाता हैं प्रेम ,
वहां मन कुछ ना कहकर भी ,
बहुत कुछ कह जाता हैं..!

# 5. मुझे याद आता हैं...

मेरे घर की खिड़की से ,
चिड़ियों का यूं बार-बार आना-जाना ,
उनका हर सुबह चहचहाना ,
मुझे याद आता हैं...!

मेरे घर की खिड़की से ,
हर सुबह सूर्य के प्रकाश से ,
घर का प्रज्वलित हो जाना ,
हम सभी को एक नयी ,
सकारात्मक ऊर्जा से भर देना ,
मुझे याद आता हैं...!

मेरे घर की खिड़की से ,
ओस की बूंदों को मेरा निहारना ,
उनकी शीतलता महसूस करना ,
मुझे याद आता हैं...!

मेरे घर की खिड़की से ,
सामने की सड़क में ,
आते-जाते हुए लोगों को देखकर ,
उनकी बातों से यूं ही मेरा मुस्कुराना ,
मुझे याद आता हैं..!

मेरे घर की खिड़की से ,
बच्चों की मस्तियों से खिड़की के ,
कांच का टूट जाना ,
आम और अमरुद के बागों ,
और डहेलिया फूलों की ,
क्यारियों को देखना ,
मुझे याद आता हैं..!

मेरे घर की खिड़की से ,
हर रात चांद सितारों को गिनना ,
मुझे याद आता हैं..!
बचपन याद आता हैं ,
जीवन नज़र आता हैं..!

# 6. मैं स्त्री हूं... ( 18 की उम्र में शादी...)

मैं स्त्री हूं ,
अपना घर छोड़कर पराए घर चल पड़ी हूं..!
मन मे बहुत सवाल हैं ,
पर उनका शायद अब जवाब नहीं ,
क्योंकि मैं स्त्री हूं..!!

मन में बहुत पीड़ा हैं ,
परंतु उसे मिटाने की कोई दवा नहीं..!
भले ही मैं काली-गोरी ,नाटी- लंबी सी पर ,
मैं भी इंसान हूं ,मैं स्त्री हूं.!!

मन में मेरी भावनाओं को दबाकर ,
मेरी हर खुशियों को अपने ,
आंचल में छुपाकर ,
विवश हूं ,अपनी जिंदगी ,
अपने मन से जीने के लिए..!!

मैं स्त्री ,
कोमलता से भरकर रहने को कहता ,
जबकि कठोरता से परिपूर्ण ,

# जीवन की सृजनात्मकता..!!

मेरी कामनाएं ,
मेरी अग्रिम इच्छाओं का भी ,कोई मोह नही.!
मेरी विवशता यही ,कि वो साड़ी
जो शायद ,मुझसे भी भारी ,
वो चूड़ी जो मेरे नाप से भी बड़ी हैं ,
उन्हें पहनना ,
और अपने हल्के से शरीर ,
जिसमें परिपक्वता भी नहीं ,
इन परिस्थितियों में ,
एक नए जीवन को संभालना ,
कितना कठिन हैं मेरे लिए..?

मैं अनजान-अनभिज्ञ हूं ,
हर उस परिपक्वता से जिससे ,
ज़िन्दगी जीने की सुध ले पाती ,
बस कारण यही की ,
मैं हुई अठ्ठाराहा वर्ष कि ,
और कह दिया ,कि अब मैं बड़ी हो गईं...!

# 7. परिभाषा स्नेह की "मेरे घर" से...

घर जो चार दीवारों से नहीं ,
प्रेम स्नेह से बना हैं ,
शिक्षा का माध्यम बना घर ,
जहां चारों स्तंभों ने मुझे सिखाया ,
आपस में जुड़े रहना ,बंधे रहना ,
एक दूसरे का जहां मिलता हैं साथ ,
वो हैं घर..!

घर जिसने सुख और दुख में ,
महसूस कराए अपना साथ ,
समझ जाए मेरी हर एक बात ,
ढल जाए परिस्थित अनुसार ,
और यहीं अपनत्व खींच लाता हैं ,
मुझे जिसकी ओर वो हैं घर..!

बाहर निकलने से पहले ,
वापस आने के बाद ,
घर से गले मिलना उसकी ,
भावनाओं को समझने के जैसा ,

जिसके नींव के निर्माण ,
छत की ढलान ,
सभी कार्य से परिचित हूं मैं..!

आधार ,स्तंभ से ,
जुड़े हुए दरवाजे खिड़कियां ,
सबसे ऊपरी भाग से ,
प्रकाश पुंज देता रोशनदान ,
सभी का आपस में जुड़कर ,
बना देते हैं मेरे मन मस्तिष्क में ,
घर की छवि ,और सिखाता हैं मुझे ,
स्नेह प्रेम की एक नई परिभाषा..!

# 8. मां की उम्र... (श्रीमती उमा यादव...) 05/01/2021...(43 वां जन्मदिन)...

18 की उम्र में जब मैं 2 बच्चों की मां बन गई ,
लगता था 18 की उम्र में 28 सी हो गई..!

जब तीसरा 28 की उम्र में आता हैं ,
शायद एक नई उम्मीद लाता हैं..!
यूं तो मन में था एक सवाल कि ,
क्या दे पाऊंगी ,मैं उसे भी उतना ही प्यार..?
जानती हूं मां हूं ,
अपने हर बच्चे से समान प्रेम करती हूं..!
पर अब 28 की उम्र में क्यों 38 सी लगती हूं..!

पर 36 की उम्र में 12 वीं की परीक्षा पास हो जाना ,
मुझे अपने आप से अवगत कराता हैं..!
मानों 36 की उम्र 18 सी जिंदगी ले आता हैं..!

फंटी एड़ियां पर पैरों में जूतियां ,
मेरा आत्मविश्वास बढ़ाते हैं ,

मेरे हौसले बुलंद करते हैं ,
अब सूट पहनना मुझे भी भाता हैं ,
पहन यह वस्त्र 40 की उम्र ,
अब 30 का एहसास कराता हैं.!
और इसी उम्र में स्कूटी चलाना ,
उम्र का पैमाना कम करते जाता हैं..!

मध्याह्न भोजन में कार्य संभाल ,
जीवन को प्रेरणादायक बनाता हैं ,
अपनी कमाई की 20 रूपए ,
हजारों रुपए की जिंदगी सी लगती हैं..!
बच्चों का प्यार और दोस्तो का साथ ,
अब सच में 43 की उम्र में 23 सी लगती हैं ,
बीती परेशानियां आसान सी लगती हैं ,
जब 43 की जिंदगी केवल ,
एक आंकड़े सी लगती हैं...!

# 9. एक मासूमियत ऐसी भी... "(कचरें में जीवन तलाशता बचपन...)..

मासूमियत तुम्हारे चेहरे की ,
कैसे तारीफ करूं ,
तुम्हारे कोमल हृदय की ,
हृदय में केवल प्रेम बसा ,
शब्दों में सदा मोती झरा ,
नादान ,अनजान ,
जीवन की परिस्थितियों से ,
पर फिर भी जीवन जीना हैं ,
यह सोचकर कि ,
जीवन अब भी सरल हैं..!

तन ढका था ,
कुछ साधारण कपड़ों से ,
और मन ढका हुआ हैं ,
अपनी बातें कहने से ,
स्पर्श ,आलिंगन ,से दूर ,
कर रहीं हैं ,न जाने ,
कितनी बातें स्वयं से...!

जैसे जान लिया ,
केवल वर्तमान ही जीवन हैं ,
भूत जो इस समय से ,
ज्यादा दुखद था ,
और भविष्य में खोजती ,
कुछ मिल जाने की नयी उम्मीद ,
जैसे मिल जाए दो गज ज़मीन ,
दो गज कपड़े और शायद ,
दो समय का कुछ भोजन..!
कि कुछ ना जानने की उम्र में भी ,
"दुख की परिभाषा" समझ कर ,
स्वयं में मुस्कुराना..!

देखा सभी ने ,
पर पहचाना बहुत कम ने ,
किसी ने शब्द कहा किसी ने ,
बांटा अथाह ज्ञान ,
किसी ने तस्वीरें खींच ,
कैमरे में कैद कर लिया ,
किसी ने मन के भाव ,लिख दिया ,
पर क्या वह समझ पाया ,
जो उसके मन में था..?

सरल नहीं तकलीफों को ,
तस्वीरें खींचकर उकेर पाना ,
पर हां मुझे विश्वास हैं ,

मासूमियत तुम्हारे चेहरे की ,
तारीफ करते हैं सब ,
तुम्हारे कोमल हृदय की..!

# 10. जन्मदिन विशेष

"नील... मित्र लीलाधर चंद्राकर "नील... 14/05/2020...

हमेशा खुश रहना ,
जैसे आज हो वैसे कल भी रहना ,
बड़ों से स्नेह और मुझसे अपनी ,
एक दोस्ती का ,
एक छोटा सा वादा हमेशा निभाते रहना..!

जब भी आए जिंदगी में कोई उलझन ,
एक बार जरूर याद करना ,
हो सके तो मेरी अनकही बातों के लिए ,
मुझे माफ करना..!

खुशियों के पल ,दुखों के पल ,
मैंने तुम्हारे साथ बहुत बिताये हैं ,
मेरी बुराइयों में ,मेरी शिकायतों में ,
प्रेरणा ,
मेरे दिए हुए नाम "नील" को स्वीकारना ,

जैसे मेरे जीवन में ,
एक विशेष व्यक्ति का मिल जाना..!

वो हर रोज तुम्हारा मुझे "अभि"
कहकर पुकारना याद रह जाएगा ,
हमेशा मुझे देखते ही ,
तुम्हारी एक प्यारी सी खुशी वाली ,
हंसी मेरे हृदय में घर कर जाएगी..!

वह शाम को टहलना ,
हर रात को खाने के बाद ,
थोड़े समय बातें करना ,
मुझे बहुत याद आएगा..!

मुझे अस्पताल ले जाने ,
चाहे वह घर के लिए ट्रेन पकड़ाने ,
या फिर समय में कॉलेज पहुंचाने ,
कितनी बातों के लिए ,
मैं तुम्हारा धन्यवाद करुंगा..!

सच हैं कि ईश्वर ने तुम्हे बहुत ,
आराम से बनाया ,
मिलाया मुझे जिस दिन तुमसे ,
शायद वह दिन विशेष रहा होगा ,
जैसे तुम्हारी अनन्य बातें समझने का ,
ईश्वर ने मुझे एक मौका दिया होगा...!

# 11. यादें सबूत हैं... (एक विशेष व्यक्ति से मुलाकात , श्री भगवती साहू जी...) 13/01/2021...

यादें सबूत है इस बात की ,
कि जाने वाला गया नहीं अब तक...!
और यदि मैं यादों को साथ लेकर चला जाता ,
तो तुम्हें कैसे याद रहता..!

भले ही मेरी मुलाकात ,
तुमसे थोड़े समय के लिए हुई.!
पर तुमसे मिलना और ,
तुम्हारे लिए एक छोटा सा ,
तोहफा देकर ,अलविदा कहना
सरल नही था ,मेरे लिए..!

तुम्हें छोड़कर जाने का मन तो नहीं था ,
पर फिर भी जाना पड़ा..!
क्योंकि तुम्हारी तरह ,
औरों को भी इंतजार था मेरा..!

सुना हैं ,ईश्वर अनजानों से बहुत मिलाता है हमें ,
मगर अनजानों में पहचान हो जाना ,
ऐसा बहुत कम होता हैं..!
सच कहूं तुमसे मिलकर ऐसा लगा ,
जैसे किसी अपने से मिल रहा हूं ,
और जब तुमसे मुलाकात हुई ,
तो इससे बड़ी खुशी और कुछ नहीं थी ,
ऐसा लगा कि ईश्वर सच में साथ हैं मेरे..!

मेरी सोच से भी परे था वो दिन ,
जिस क्षण मेरी मुलाकात तुमसे हुई ,
और जब भी हम कोई सपना देखते हैं ,
वह पूरा हो जाता हैं ,
तब उस पर यकीन नहीं होता है हमें..!

फिर अब मुझे ऐसा क्यों लगता हैं ,
कि हमारी मुलाकात बहुत पहले हो चुकी थी ,
यह मुलाकात तो केवल स्पर्श मात्र थी..!

# 12. मेरा नमन.... (पहला कालेज दोस्त नमन चंद्राकर...)

"हमेशा मेरा साथ देने वाले दोस्त ,
तुझे मेरा नमन..
मेरी हर बातों को समझने वाले दोस्त ,
तुझे मेरा नमन..!

मेरे पहले कॉलेज दोस्त को ,
मुझसे दोस्ती निभाने के लिए मेरा नमन...
सभी के साथ दोस्ती बनाए रखना ,
और मुझे दोस्ती का मतलब समझाने ,
के लिए तुझे मेरा नमन..!

अपने परिवार का हमेशा साथ देने के लिए ,
परिवार का मान-सम्मान बढ़ाने के लिए ,
मुझे हमेशा सपोर्ट करने के लिए ऐसे ,
व्यक्ति को मेरा नमन..!

खुशियां भले ही कम हो जिंदगी में ,
दोस्त कम ही हो जिंदगी में पर ,
तुम्हारे जैसे दोस्त को मेरा नमन..!

जो सिखाएं भावनाएं बांटने का तरीका ,
सिखाएं सरलता से जिंदगी जीने का सलीका ,
ऐसे इंसान को मेरा नमन..!
मेरा नमन ,मेरा नमन ,..

# 13. मेरी डायरी अश्लेषा....
## (तृतीय वर्षगांठ विशेष....)
## 15/07/2021...

मेरी डायरी जिसमें हैं नील का नमन ,
भगवती सा आत्ममंथन ,
जैसे हर किसी से जुड़ा एक प्रेम का पुनर्जन्म ,
मेरी जिंदगी के हर क्षण का एक नया दर्पण..!

हर यादों को समेट जो अपने अंदर ,
3 वर्षों में 3 लाखों रंग बिखेर कर ,
15 जुलाई 2018 से मेरे साथ ,
तुममें लिखी मैंने ,
न जाने कितनी अनगिनत बात..!

जिंदगी चाहे जैसी भी हो ,
लिख देता हूं 2 पन्ने हर दिन अपनी डायरी में ,
सिर्फ इसलिए कि जी सकूं उन यादों को ,
अपने आने वाले भविष्य की गहराई में..!

खोलते पन्ने निकलती यादें ,
न भूलता किसी का जन्मदिन ,
न किसी की कही हुई कुछ अनकही बातें ,

जिसमें "वैशाली की नगरवधू" सा सोमपान ,
मेरी खुद की रचनाओं के तीन वर्षों का योगदान..!


प्रत्येक क्षण का ज्ञान तुम्हें ,
प्रत्येक दिन का अभिमान तुम्हें ,
सब कुछ भूल जाऊं स्वीकार मुझे ,
पर तुम्हें भूल जाऊं ऐसा कभी नहीं ,
क्योंकि मेरी जिंदगी का सार तुम्हीं..!


श्वास भले ही अंतिम हो ,
पर तुम्हारा अंतिम हो जाना मेरा लक्ष्य नहीं ,
लिखते रहूं मैं तुम्हें यूं ही सालों साल ,
और बने यह मेरे आने वाले भविष्य की ,
एक नयी मिशाल ,
खिले वहां भी प्रेम के फूल ,
लिखते रहें कोई न कोई तुम्हें मेरे अंत के बाद ,
यही है मेरा तुमसे एक प्रेम भरा संवाद..!

# 14. "स्मृति आदित्य...
## (पुरानी जगह पर नये पते से ,18/08/2021...)

हमारी पहली मुलाकात ,
जैसे एक नये प्रेम की शुरुआत ,
आशीर्वाद स्वरूप हैं आप ,
मेरे इस जीवन में ,
सब कुछ वैसा ही हैं ,
जैसें थीं "आपकी छवि" मेरे मन में..!

सब कुछ प्रकृति पर निर्भर हैं ,
धैर्य से भरा जिनका हृदय तन हैं ,
बस मैं अपना धैर्य मन रख ,
मौन प्रार्थनाएं करता रहा ,
और नये इंसान के साथ ,
एक नया रिश्ता यूं जुड़ गया..!

जहां न यात्राएं थी ,
न इच्छाएं थी ,
बस क्षण मात्र पहले सोची हुई ,
एक प्रार्थना मन में आई थी ,
जो सच हुआ उस समय ,

जब मिले हम पहली बार ,
और जिन्होंने केवल लिया ,
मुझसे शब्दों का उपहार..!

शब्दों के प्रेम से ,जीत लिया मुझे ,
बीते प्रेम की स्मृतियां ,
जीवित कर गया मुझमें ,
अभिमान नही ,निस्वार्थ भाव ,
जिनके सदैव मन में ,
ऐसे है मेरे "आदित्य जी ,
मेरे नए जीवन में..!

जिनसे बार-बार मिलने की ,
न आशा न अभिलाषा ,
बस मिले कभी तो ऐसे मिले ,
कि बने एक नयी परिभाषा.!

सब सरल होना ,जैसें हैं
वैसे ही स्वयं को प्रकट करना ,
और हमारे मिलन से ,
एक नया जीवन आना..!

जैसे बनते हैं रिश्ते ,
प्रेम और विश्वास से ,
इन्हें हमेशा सर्वोपरि रख ,
आपके 'हृदय' के कोने से ,
मेरे "हृदय का गले लगना.!

न जाने कितने दिनों बाद ,
मित्रता +प्रेम का जुड़ना.!

मैं हो जाऊं ,
कभी कल्पना मात्र तब ,
चीर-स्मृतियों में याद रखना ,
अंततःकल्पनाओं में भी ,
जीवन सरल हैं ,
क्योंकि हमारी कल्पना मात्र ही ,
हमारी पहली मुलाकात थी..!

# 15. स्मृति आदित्य 2.0...

मैं जब कभी नदी बनूं ,
तब तुम पहाड़ बनना..!
बहाना ,गिराना मुझे इतनी सुंदरता से ,
कि नदी से ज्यादा सुंदर हो पहाड़..!

मैं जब कभी वृक्ष बनूं ,
तब तुम मिट्टी बनना ,
और पकड़ना इतनी मजबूती से ,
कि मुझे कोई बहाव गिरा न पाए..!

मैं जब कभी ग्रह बनूं ,
तुम आकाशगंगा बनना ,
और अपने अंदर समाहित कर लेना ,
मेरे सारे सुखों और दुखों को ,
और जब मैं कल्पना बनूं ,
तो तुम स्मृति बनना..!

मैं जब कभी शब्द बनूं ,
तब तुम किताब बनना ,
और अपने हृदय से गले लगाकर ,
मुझे एक ईश्वरीय प्रेम से सम्पूर्ण करना..!

मैं जब जब मनुष्य जन्म लूं ,
तब तब तुम भी आदित्य बनना ,
और अपने संपूर्ण ऊर्जा से परिपूर्ण कर ,
मुझे हर रोज प्रकाशित करना..!

# 16. अविनाश प्रेम...
## (सोशल मीडिया मित्र... 12/10/2021...)

"कभी-कभी ईश्वर दे देता हैं ,
बिना मांगे बिना चाहे बहुत कुछ..!
कर देता हैं ,वो प्रेम पुरा ,
जो कभी रह गया हो अधूरा..!

शब्दों से ज्यादा शब्दार्थ देकर ,
मुलाकात से ज्यादा ,
मुस्कुराहट देकर..!
नई कहानी में एक ,
सुंदर किरदार देकर ,
एक नये मित्र का नया साथ देकर ,
बना देते हैं ईश्वर एक नया रिश्ता..!

चरण स्पर्श की शुरुआत से ,
मन के स्पर्श का संवाद ,
जैसे प्रकृति और ईश्वर से मिला
बीती यात्रा का आशीर्वाद..!

मिलन से पहले ,

बहुत लोगों में ढूंढा आपका सार ,
विश्वास जीत हम मिले बहुत जल्द ,
थी यह हमारी पहली मुलाकात ,
हे प्रिय सखा ,
"आज के दिन के लिए धन्यवाद...!

# 17. डाकिया अभिजीत...

एक ही नाम के दो व्यक्ति हैं ,
परिचय अलग हैं ,
पर मन कहीं ना कहीं एक हैं ,
किसी को खत लिखना पसंद हैं ,
तो किसी को ख़त पहुंचाना पसंद हैं..!

यहां सबसे विशेष हैं ,कि
जब भी डाकिया मेरे घर आता हैं ,
अपना ही नाम पुकारता हैं ,
जैसे स्वयं मुझे मेरे घर वापस खींच लाता हैं..!

सब कुछ प्रकृति द्वारा दिया गया ,
हां सचमुच यह एक सुखद संयोग हुआ ,
जहां एक ही नाम के दो व्यक्तियों पर ,
मानो यह कविता पहले ही लिखा गया..!

पोस्ट ऑफिस चिट्ठी पत्री ,
पसंदीदा शब्द हैं मेरे ,
पर जब तुम मुझे देखकर ,
यूं ही मुस्कुराते हों ,
मानो हृदय सुख से भरा हुआ ,
सकारात्मक ऊर्जा ,

# मुझे पोस्ट कर जाते हों..!

पर तुम जब भी आते हों ,
बहुत हड़बड़ी में आते हों ,
हर बार कुछ नया संदेश देकर भी ,
इतनी जल्दी क्यों चले जाते हो..!

पर इस बार जब आओगे ,
अपने साथ तुम स्वयं को पाओगे..!
खोलोगे जब तुम यह किताब ,
मेरी लेखनी में तुम स्वयं को पढ़ ,
अब सदैव मुझे साथ पाओगे ,
हर एक पंक्ति में अपने ही नाम को ,
धन्यवाद कहते जाओगे..!

कि अब तुम्हारे नाम से भी मुझे ,
अनंत ऊर्जा मिल जाता हैं ,
पर हर बार कुछ नयी यादें देकर भी ,
सब कुछ इतना शांत क्यों रह जाता हैं..!

जैसे मैं हर साल दिसंबर का ,
इंतजार करता हूं ,
ना सिर्फ अपने जन्मदिन के लिए ,
बल्कि एक खूबसूरत सी ठंड के लिए ,
वैसे ही मैं हर रोज तुम्हारा इंतजार करता हूं ,
अभिजीत ,मेरा नाम पुकारने के लिए..!

# 18. शिक्षक...

व्यक्तित्व विचार की बातों में ,
जब नाम किसी का आता हैं ,
तब वह शिक्षक कहलाता हैं..!

शिक्षा की बातें कहकर ,
स्वयं ज्ञान बढ़ाता हैं ,
और न जाने कितने जीवन में ,
एक नया धुन छेड़ जाता हैं..!

इन्द्रधनुष सा रंग लगाकर ,
कभी पलाश सा सुंदर हो जाता हैं ,
कभी डहेलिया सा पुष्प खिलाकर ,
कुछ नई कलाकृति बनाता हैं..!

पवित्र मन की एक परिभाषा ,
जिसे शिक्षक कहा जाता हैं ,
आत्मविश्वास और मनोबल की बातें ,
जो हृदय से समझाता हैं..!

गणित के सवालों सा कठिन ,
जीवन को जो सरल बनाता हैं ,
विज्ञान की परिभाषा से ,

अभिजीत यादव

जीवन का नया परिचय करवाता हैं ,
हां वह शिक्षक कहलाता हैं..!

# 19. तस्वीरें...

कुछ तस्वीरें जब खींची जाती हैं यूं ही ,
तब उनमें समाहित हो जाता हैं ,
ढेर सारा असिमित प्रेम..!

जिस प्रकार एक ही रास्ते से ,
हम हजार बार गुजरते हुए ,
पर हर बार उन रास्तों से गुजरते हुए ,
हमें कुछ नया नजर आता हैं ,
जैसे कुछ नई तस्वीरें ,
कुछ खास लोग ,कुछ खास यादें ,
और कुछ खास जगह ,
जहां हम अपनी पिछली ,
यादें छोड़ चुके होते हैं ,
वहां हम पुनः समेट लेते हैं ,
ढेर सारा प्रेम..!

उन सभी यादों में , कुछ तस्वीरें ,
बन जाती हैं विशेष ,
जो सहेजी जाती हैं ,कभी एल्बम में ,
कह जाती हैं कहानी ,बीते समय की ,
और सुरक्षित हो जाता हैं ,कुछ नया प्रेम..!

# 20. साल 2021 की विशेष यादें...

हाय ये ठंड ,यूं नवंबर का जाना ,
और दिसम्बर का आना ,
साल के अंतिम महिने का ,
इतनी जल्दी लौट आना ,
इन 11 महीनों का जैसे ,
11 मिनट की तरह ,गुज़र जाना..
और पूरे साल भर की यादों का ,
केवल कुछ पन्नों पर ,
सिमट कर रह जाना..!

नया वर्ष न जाने कौन सी ,
नयी उम्मीद लेकर आएगा ,
पर हां यह साल मुझे ,
सचमुच बहुत याद आएगा ,
बस दुःख हैं इस बात का ,
कि आने वाले समय में ,
केवल समय बीतेगा ,
पर समय नहीं लिखा जायेगा..!

बातें हृदय छुएंगी ,

पर शायद ही शब्दों ,
और ख़तो के माध्यम से ,
प्रेम भेजा जाएगा ,
साल नया होगा पर ,
पर शब्द कहां वापस आएगा ,
हां सब कुछ केवल ,स्मृतियों में रह जाएगा..!

बीती घटनाएं आनेवाली तारीखों में
कौन वापस लेकर आएगा..?
मौन प्रार्थनाएं ,पुरुष होना ,
यादें सबूत हैं ,स्मृति आदित्य ,
अविनाश प्रेम ,मेरा नमन ,
मेरे नील सब "मौन सृजन...
में रह जाएगा ,
पर हां यही किताब "मेरे बारे में"
एक विशिष्ट परिचय बताएगा ,
अंततः यह साल वापस नहीं आएगा..!